Macmillan/McGraw-Hill

Libro interactivo del estudiante

www.macmillanmh.com

TEXAS Tesoros de lectura

Conéctate

StudentWorks Plus
Libro interactivo del estudiante

OBSERVA	LEE	APRENDE	DESCUBRE
• Vistazo preliminar a los conceptos y selecciones de la semana	• Lectura palabra por palabra	• Preguntas de comprensión • Actividades de investigación y aprendizaje digital • Actividades de gramática, ortografía y escritura	• Resúmenes y glosario

Conéctate

Actividades en Internet
www.macmillanmh.com

• **Actividades interactivas** para la enseñanza guiada y la práctica

IWB Interactive White Board

Pablo Bernasconi vive en Bariloche, Argentina, adonde disfruta de la naturaleza, en especial de los animales silvestres, a los que le encanta observar y pintar.

Escribió e ilustró cinco libros infantiles, que fueron traducidos a ocho idiomas: *El Brujo, el Horrible y el libro rojo de los hechizos, El Diario del Capitán Arsenio, Hipo no nada, El Zoo de Joaquín y Black Skin, white cow.* Además ilustró más de diez libros de autores de diferentes nacionalidades.

Obtuvo prestigiosos premios en América y Europa. Actualmente trabaja desde Bariloche para Alemania, EE.UU., Inglaterra, Australia, España, Costa Rica y Japón.

TEXAS
Tesoros de lectura

Lectura/Artes del lenguaje

Autores

Elva Durán

Jana Echevarria

David J. Francis

Irma M. Olmedo

Gilberto D. Soto

Josefina V. Tinajero

Mc Graw Hill **Macmillan/McGraw-Hill**

Contributors

Time Magazine, Accelerated Reader

 RFB&D
learning through listening

Students with print disabilities may be eligible to obtain an accessible, audio version of the pupil edition of this textbook. Please call Recording for the Blind & Dyslexic at 1-800-221-4792 for complete information.

B

The McGraw·Hill Companies

Macmillan/McGraw-Hill

Published by Macmillan/McGraw-Hill, of McGraw-Hill Education, a division of The McGraw-Hill Companies, Inc., Two Penn Plaza, New York, New York 10121.

Printed in the United States of America

ISBN: 978-0-02-207240-7
MHID: 0-02-207240-3

4 5 6 7 8 9 DOW 13 12 11 10

TEXAS
Tesoros de lectura

Lectura/Artes del lenguaje

Bienvenidos a
Tesoros de lectura

Imagina cómo sería ser un astronauta y viajar por el espacio, o aprender sobre las familias de diferentes animales, o leer sobre un loro que pierde su voz. Tu **libro del estudiante** contiene éstas y otras selecciones premiadas de ficción y no ficción.

Macmillan/McGraw-Hill

Aventuras

LA GRAN PREGUNTA

TEMA: Vamos de paseo

TEMA: ¡Puedes hacerlo!

Muestra lo que sabes

6

La gran pregunta

¿Qué tipos de aventuras podemos tener en un día cualquiera?

Conéctate

Busca más información sobre aventuras en **www.macmillanmh.com**.

La gran pregunta

¿Qué tipos de aventuras podemos tener en un día cualquiera?

¿Has tenido alguna vez una aventura? Podemos tener aventuras todos los días. A veces, las aventuras son divertidas, como cuando visitamos un lugar nuevo o vemos algo especial. A veces, las aventuras pueden ser difíciles, como cuando intentamos algo por primera vez. ¿Cómo te sentiste el primer día de escuela o la primera vez que intentaste nadar?

A veces, las aventuras pueden ser maravillosas. Cuando aprendes algo nuevo, puede ser una aventura. También podemos tener aventuras en nuestra imaginación. ¿Qué tipos de aventuras has tenido?

Actividades de investigación

Mientras aprendes sobre las aventuras, piensa en una aventura que hayas tenido. ¿En qué se parecía a las aventuras sobre las que has leído? Escoge uno de los cuentos que has leído. Luego, escribe sobre cómo tu aventura se parece a la del cuento.

8

Anota lo que aprendes

Mientras lees, anota en el boletín en capas tus ideas sobre las aventuras. Escribe sobre las aventuras que lees cada semana. Piensa en cómo esas aventuras se parecen a las aventuras que has tenido.

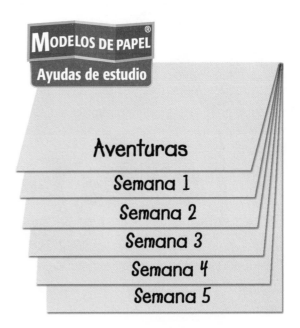

MODELOS DE PAPEL®
Ayudas de estudio

Aventuras

Semana 1
Semana 2
Semana 3
Semana 4
Semana 5

Taller de investigación

Haz la investigación de la Unidad 6 con:

Guía de investigación
Sigue la guía paso a paso para completar tu proyecto de investigación.

Recursos en Internet
- Buscador por temas y otras herramientas de investigación
- Videos y excursiones virtuales
- Fotos y dibujos para presentaciones
- Artículos y recursos relacionados en Internet

 Busca más información en **www.macmillanmh.com**

TEXAS
Gente y lugares

Pat Mora, autora e ilustradora

Pat Mora es autora de libros ilustrados, poemas y novelas. Le encanta visitar a los niños en las escuelas. Ha fundado Día, un programa que promueve la lectura infantil.

Vamos de paseo

A platicar

¿A qué lugares
divertidos has ido?
¿Qué hiciste ahí?

Busca más información
sobre lugares divertidos
en **www.macmillanmh.com**.

Mis palabras

buena

importante

bastante

convencer

directo

Lee para descubrir

¿En qué se parece tu hora de ir a la cama a la de Julia?

12

¡A la cama, Julia!

Julia no tiene ganas de dormir. Quiere cantar sus canciones. Y cuando canta es muy **buena**.

—Es **importante convencer** a Julia de irse a la cama —dice papá.

—Julia, ya cantaste **bastante** —dice mamá.

—Te queremos —le dicen papá y mamá.

—Yo también los quiero —dice Julia cantando. Y se va **directo** a la cama.

13

Género

Una fantasía es una historia que no puede suceder en la realidad.

✔ Visualizar

Fantasía y realidad

Mientras lees, usa esta **tabla de fantasía y realidad.**

Lo que sucede	¿Por qué no sucedería en la vida real?
1	1
2	2
3	3

Lee para descubrir

¿Qué tipo de cerdita es Olivia?

14

OLIVIA

texto e ilustraciones de Ian Falconer

Autor/
ilustrador
premiado

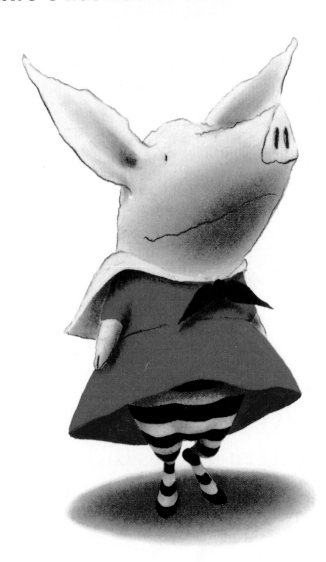

Ésta es Olivia.
Es **buena** en muchas cosas.

Es muy buena para cansar a la gente.

Hasta ella misma se agota.

Olivia tiene un hermanito que se llama Ian.
Él siempre la imita.

A veces Ian simplemente no la deja en paz. Así
que Olivia tiene que ser dura.

Olivia vive con su mamá, su papá,
su hermano, su perro, Perry,

y Edwin, el gato.

Por la mañana, después de que
se levanta, y carga el gato,

y se lava los dientes,
y se peina las orejas,

y carga el gato,

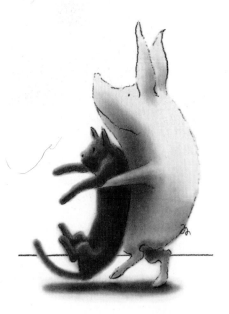

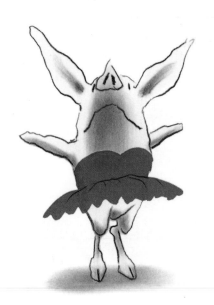  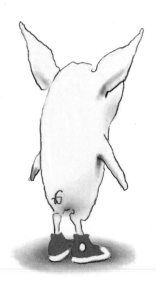

Olivia se viste.

Tiene que
probarse todo.

22

En días soleados, a Olivia le gusta ir a la playa.

Siente que es **importante** venir preparada.

El verano pasado cuando Olivia era pequeña,
su mamá le enseñó a hacer castillos de arena.

Se volvió muy buena.

A veces a Olivia le gusta tomar baños de sol.

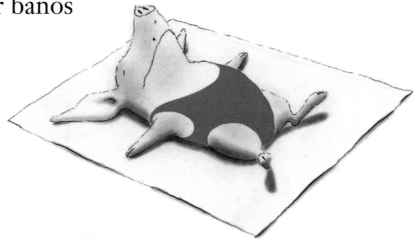

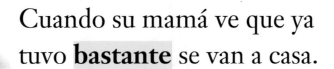

Cuando su mamá ve que ya tuvo **bastante** se van a casa.

Se supone que Olivia debe tomar su siesta todos los días.

—Es hora de tú ya-sabes-qué —le dice su mamá.

Claro que Olivia no tiene ni pizca de sueño.

En días lluviosos, a Olivia le gusta ir al museo.

Va **directo** a su pintura favorita.

Olivia la mira durante largo rato.

¿Qué estará pensando?

Pero hay una pintura que no la acaba de
convencer.

—Yo podría hacer eso en cinco minutos —le dice a
su mamá.

Tan pronto como llega a casa pone manos a la obra.

Tiempo de pensar.

Después de un rico baño
y una sabrosa merienda,
es hora de irse a la cama.

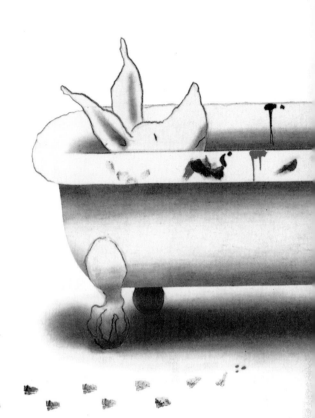

Pero claro que Olivia no tiene ni pizca de sueño.

—Sólo cinco libros esta noche, mami —dice.

—No, Olivia, sólo uno.

—¿Qué tal cuatro?

—Dos.

—Tres.

—Ay, está bien, tres.
Pero hasta allí.

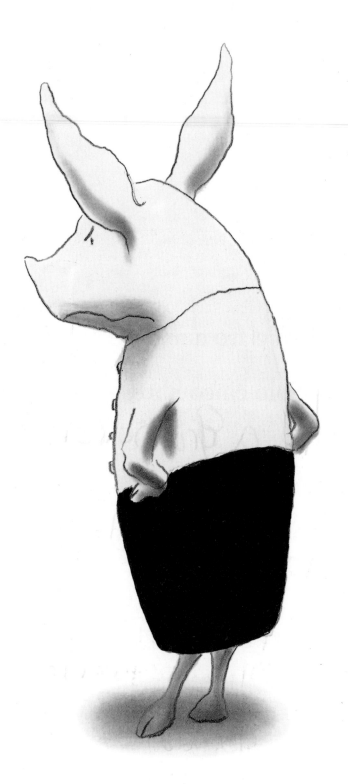

Cuando terminan de leer, su mamá le da un
beso y le dice:
—Sabes, contigo me canso de veras, pero de todas
maneras te quiero.
Y Olivia le devuelve el beso y le dice:
—Yo también te quiero.

Conoce a Ian Falconer

Ian Falconer dice que los personajes de *Olivia* están basados en la familia de su hermana. Su sobrina, Olivia, es muy activa y agota a sus padres, igual que la Olivia del cuento. Dibujó cerditos porque "son animales muy inteligentes y se parecen a los humanos".

Conéctate Busca más información sobre Ian Falconer en **www.macmillanmh.com**

Otro libro de Ian Falconer

✔ Propósito del autor

Ian Falconer quiso escribir sobre cerditos inteligentes. Escribe sobre otro animal inteligente. Di por qué es inteligente.

Pensamiento crítico

Volver a contar

Usa las tarjetas para volver a contar el cuento.

Tarjetas *Cuéntalo otra vez*

Pensar y comparar

Lo que sucede	¿Por qué no sucedería en la vida real?
1	1
2	2
3	3

1. ¿Podría ocurrir este cuento en la realidad? ¿Por qué?

2. ¿Alguna vez te comportas como Olivia? ¿De qué modo?

3. A Olivia le gusta hacer cosas creativas. ¿Qué cosas creativas te gusta hacer a ti?

4. ¿En qué se parece Olivia a Julia, el personaje de "¡A la cama, Julia!"?

Arte con gatos

Estudios Sociales

Género
En un texto de no ficción se da información sobre un tema.

Elementos del texto
Una leyenda es un texto que da información sobre una foto o dibujo.

Palabras clave

artistas

colores

escultura

 Busca más información sobre arte en
www.macmillanmh.com

¡Gatos, gatos, gatos! Mira cómo los **artistas** han representado a los gatos.

Este cuadro muestra un gato en una casa. El artista ha usado muchos **colores** y figuras.

Gato naranja en un sofá fue pintado por Malcah Zeldis. Ella aprendió a pintar por sí misma.

¿De qué forma son las orejas del gato?

¿De qué color es el gato?

¿En qué otras cosas ves ese mismo color?

Este gato no es una pintura. Es una **escultura**. ¿Qué figuras puedes ver en ella? ¿Por qué crees que el artista llamó a esta escultura *El gato serpiente*?

El gato serpiente, de Alexander Calder, está hecho de metal.

Esta escultura de un gato y su cría es muy antigua. Es de Egipto. ¿En qué se diferencian esta escultura y la de *El gato serpiente*?

El gato y su cría tiene más de 2,000 años.

> *Gato y mariposa* está pintado
> con acuarelas.

Este gato se pintó hace mucho tiempo.
Es de China. El gato mira hacia arriba.
¿Puedes ver qué está mirando?

¿Cómo representarías un gato? Haz tu
propia pintura o escultura de un gato.

✔ Pensamiento crítico

¿Qué gato de "Arte con gatos" crees
que sería el favorito de Olivia? ¿Por qué?

Escribe sobre un lugar

Escritura

El sujeto

El sujeto es la persona, el animal o la cosa de quien se habla en la oración, o que realiza la acción.

Raúl escribió sobre el día que vio las secuoyas.

En el verano, mi familia y yo fuimos a ver las secuoyas. Los árboles eran grandes como edificios. Algunos árboles eran tan anchos que un auto podría pasar a través de ellos. Algunos árboles tienen más de 2000 años.

Tu turno

Escribe sobre un lugar interesante que hayas visitado.

Di lo que viste y lo que hiciste.

Di lo que aprendiste.

Gramática y escritura

- Lee el informe de Raúl. Señala el **sujeto** de cada oración. Señala el verbo de cada oración.

- Revisa tu informe. ¿Todas las oraciones tienen **sujeto**? ¿Usaste alguna preposición o conjunción en tus oraciones?

- Pide a un compañero o una compañera que lea tu informe.

A platicar

¿Puedes decir algo difícil que hayas aprendido a hacer? ¿Cómo lo aprendiste?

Busca más información sobre hacer cosas nuevas en

www.macmillanmh.com

¡Puedes hacerlo!

Mis palabras

mientras

hablar

especial

---

buscó

encontró

Lee para descubrir

¿Qué aprendió
Gregorio?

Un sueño especial

Anoche, Gregorio soñó que volaba. **Buscó** y buscó las alas, y las **encontró** pegadas a su cama. Voló sobre mares y otros lugares.

Mientras volaba se dio cuenta de que podía **hablar** con los pájaros.

Era muy gracioso. Voló hasta que a la cama se le quebró un ala.

Al despertarse de su sueño **especial**, Gregorio pensó que le gustaba volar, pero que más le gustaba soñar.

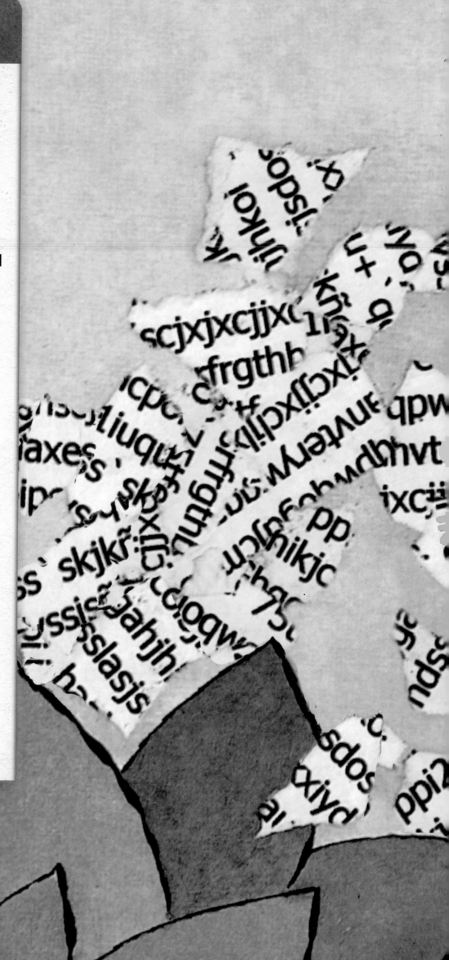

Comprensión

Género
Una fantasía es una historia que no puede suceder en la realidad.

Hacer preguntas
Hacer inferencias

Mientras lees, usa esta **tabla para hacer inferencias.**

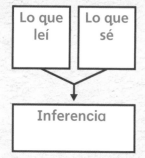

Lo que leí	Lo que sé

↓

Inferencia

Lee para descubrir
¿Dónde encuentra su voz el loro parlanchín?

El loro parlanchín

David Paloma
ilustraciones de Francesc Rovira

Había una vez un loro que tenía un
don **especial**. Día y noche no paraba
de **hablar**. Por eso todo el mundo le
llamaba el loro parlanchín.

Hablaba por hablar, cuando estaba
solo y también **mientras** dormía.

Un buen día, y sin saber cómo, el loro parlanchín perdió la voz.

¡La **buscó** dentro de los armarios!
Pero allí sólo **encontró** gorras y
bufandas.

¡La buscó debajo de la cama! Pero
allá sólo encontró una maleta y un
poco de polvo.

El loro parlanchín, enfadado, cogió la
maleta y se marchó de casa.

Y navegó por todos los mares buscando
su voz.

Y subió a todas las montañas buscando
su voz.

Y conoció a una docena de loros de
razas diferentes. Pero ninguno sabía
dónde se había metido la voz del
loro parlanchín.

Hasta que un día —¡qué suerte!— el
loro encontró un espejo en el suelo y,
presumido, se miró la cola, las alas y
el pico.

Y cuando vio su boca, abrió los ojos
como platos. Allí, en el fondo de su
boca estaba la voz, dormida.

Entonces, el loro parlanchín puso el despertador.

Y desde que el despertador sonó, el
loro parlanchín no para de hablar.

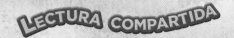
Humor y fantasía

David Paloma tiene un gran sentido del humor. En sus cuentos, puede ponernos a viajar en un auto con unas vacas guapas o llevarnos a descubrir una medicina para no llorar. ¡Es muy divertido!

Otro libro de David Paloma

Francesc Rovira ha ilustrado varios de los cuentos de David. Cuando Francesc era pequeño, lo que más le gustaba hacer era mirar dibujos e historietas.

Busca más información sobre David Paloma y Francesc Rovira en **www.macmillanmh.com**

✔ **Propósito del autor**

David Paloma escribe sobre las aventuras de un loro. Escribe sobre alguna aventura que te gustaría tener. Di por qué te gustaría.

Pensamiento crítico

Volver a contar

Usa las tarjetas para
volver a contar el cuento.

Tarjetas
Cuéntalo otra vez

Pensar y comparar

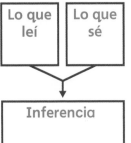

1. ¿Por qué crees que perdió la voz el loro parlanchín?

2. ¿Te gustaría visitar diferentes lugares como hizo el loro parlanchín? Di cuáles y por qué.

3. ¿Para qué le sirvió el despertador al loro parlanchín? ¿Para qué sirve un despertador en la vida real?

4. ¿En qué se parecen y en qué se diferencian los viajes del loro parlanchín al viaje de Gregorio en "Un sueño especial"?

Te presentamos a Ellen Ochoa

Ciencias

Género
En una entrevista, una persona hace preguntas y otra persona las contesta.

Elementos del texto
El formato de pregunta y respuesta usa las palabras *pregunta* y *respuesta* para mostrar quién habla.

Palabras clave
astronauta
peso
planeta

Busca más información sobre la exploración del espacio en
www.macmillanmh.com

Ellen Ochoa fue la primera mujer **astronauta** de origen hispano. Ellen ha hecho muchos viajes al espacio. Vive en Houston, Texas.

Ellen Ochoa observa el espacio.

Pregunta: ¿Por qué quiso ser astronauta?

Respuesta: Me parecía emocionante estar en un lugar donde nada tiene **peso**. Quería ver nuestro **planeta**, la Tierra, desde el espacio.

Pregunta: ¿Qué deben hacer los niños que quieren ser astronautas?

Respuesta: Tienen que estudiar matemáticas y ciencias, e ir a la universidad. Les tiene que gustar aprender cosas nuevas y trabajar en equipo.

Ellen Ochoa junto a su equipo antes de viajar al espacio.

Ellen Ochoa dentro de una cabina espacial.

Pregunta: ¿Qué se siente al estar en el espacio?

Respuesta: ¡Es muy divertido! Todo flota, y tú también. Es fácil mover las cosas pesadas. También es fácil alcanzar las cosas.

Un almuerzo espacial

- Mantequilla de maní o ensalada de pollo en una tortilla
- Malvavisco y barra de chocolate en una tortilla
- Agua o jugo de manzana

COMIDA ESPACIAL

Fresas deshidratadas

★ HECHO EN USA ★

Pregunta: ¿Cómo era la comida en el espacio?

Respuesta: Muy buena. Llevamos comida deshidratada y bebidas en polvo. Les añadíamos agua caliente o fría. Comimos muchas tortillas, por ser fáciles de rellenar.

Té con limón y azúcar artificial

Bebida de lima-limón

Pregunta: ¿Qué es lo más difícil de su trabajo?

Respuesta: Tienes que aprender muchas cosas. ¡Y estar segura de aprenderlas antes de salir de la Tierra!

Ellen Ochoa trabaja en la estación espacial.

Pensamiento crítico

Si tuvieras que hacerle una entrevista al loro parlanchín, ¿qué le preguntarías?

Escritura

El predicado

El **predicado** es todo lo que se dice del sujeto.

Rafa escribió las instrucciones de un juego.

Mezcla de palabras

Primero, un participante escribe una oración de seis palabras.

Luego, él debe recortar las palabras y mezclarlas.

Por último, el otro participante debe ordenar las palabras para formar una oración.

bici monta Luis su cuidado con

Tu turno

Piensa en algo nuevo que hayas aprendido a hacer este año.

Piensa en cómo se hace. Escribe las instrucciones para hacerlo, usando las palabras *primero*, *luego*, *por último*.

Gramática y escritura

- Lee las instrucciones de Rafa. Explícale a un compañero o una compañera cómo se juega a Mezcla de palabras. Usen las instrucciones de Rafa para jugar. Señala el predicado de cada oración.

- Revisa tus instrucciones. ¿Son claras y fáciles de seguir? ¿Tienen todas tus oraciones un sujeto y un predicado?

¿Qué trabajos conoces? ¿Qué trabajos te gustaría hacer?

Busca más información sobre trabajos en **www.macmillanmh.com**

¡A trabajar!

Un trabajo para ti

Mis palabras

- interesantes
- solamente
- común
- _____
- opción
- herramientas

¿Has pensado qué quieres ser cuando seas grande? Hay muchos trabajos **interesantes**. **Solamente** piensa en lo que te gusta.

¿Te gusta ayudar a la gente? Podrías ser médico o maestro. ¿Te gusta hacer reír? Podrías ser payaso o actor. ¿Te gusta arreglar cosas y usar **herramientas**? Podrías construir casas o reparar autos.

Podrías trabajar en casa. O podrías viajar a la Luna. Te puede gustar un trabajo que parece **común**, o uno muy especial. Piensa en lo que te gustaría ser. Así podrás encontrar la mejor **opción** de trabajo para ti.

Un trabajo genial

¿Cómo sería tener estos tres trabajos?

Comprensión

Género

Un artículo de **no ficción** nos informa sobre algo real.

Volver a leer

Clasificar y categorizar

¿Qué diferentes tipos de trabajos tienen las personas?

Dentista del zoológico

Si fueras dentista del zoológico podrías arreglar y limpiar los dientes de un tigre. Podrías rellenar el hueco del diente de un caimán. Hasta podrías sacarle un colmillo a un elefante.

Los dentistas del zoológico arreglan dientes, al igual que un dentista **común.** Pero trabajan con animales salvajes que pueden morder. Por eso el dentista le da una medicina al animal, para que éste se duerma. Así el dentista puede hacer su trabajo.

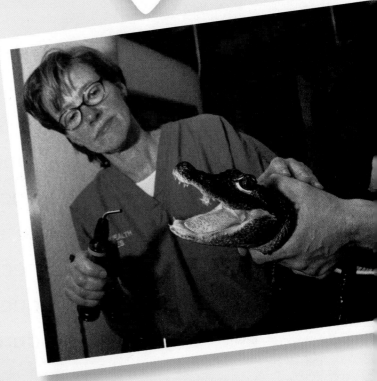

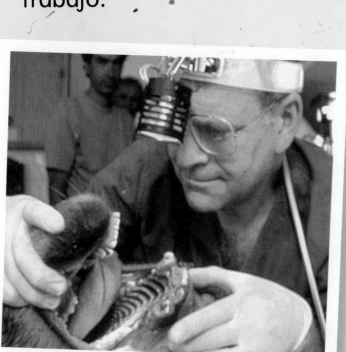

Los dentistas del zoológico usan grandes tornos para limpiar los huecos en los dientes. Con grandes **herramientas** de metal pueden sujetar un diente enfermo y arrancarlo. Si es el diente de un león, éste puede ser un trabajo bastante duro.

Fabricante de sabores

¿Alguna vez has querido cambiar el sabor de un alimento? Tendrías la **opción** de hacerlo si fueras fabricante de sabores. Podrías hacer una medicina con sabor a cereza o a pizza. **Solamente** se necesitan unas gotas para hacer que una salchicha tenga sabor a durazno.

Los fabricantes de sabores trabajan en un laboratorio. Usan productos químicos para fabricar sabores. Sus mejores herramientas son la nariz y la boca. Tienen que oler y probar mucho.

Los fabricantes de sabores ayudan a hacer muchos alimentos sabrosos. ¿Puedes pensar en un nuevo sabor para un alimento que te guste?

Galletitas con sabor a queso

Medicina con sabor a cereza

Cereal con sabor a fruta

Criador de abejas

Las abejas hacen miel. Un criador de abejas, o apicultor, ayuda a las abejas a hacer su trabajo.

Si fueras un criador de abejas, harías colmenas para que las abejas vivieran allí. Éstas no son como las que hacen las abejas. Los criadores de abejas hacen colmenas de madera.

¿Cómo pueden los criadores de abejas sacar la miel con todas esas abejas que pican? Porque visten una ropa especial que los protege de picaduras. Llevan guantes y capucha. Una red les protege la cara.

A veces, los criadores de abejas ponen humo en las colmenas. Eso hace que las abejas se vayan de la colmena. Así ellos pueden sacar la miel. Para tener miel hay que trabajar mucho. Pero el resultado es siempre dulce.

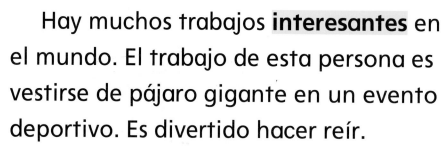

Hay muchos trabajos **interesantes** en el mundo. El trabajo de esta persona es vestirse de pájaro gigante en un evento deportivo. Es divertido hacer reír.

¿Qué tipos de trabajos interesantes se te ocurren? ¿Cuál te gustaría tener?

Pensamiento crítico

Decir lo que aprendiste

¿Cuáles son los diferentes tipos de trabajos sobre los que has aprendido?

Pensar y comparar

1. ¿Qué trabajos de "Un trabajo genial" son para hacer cosas? ¿Cuáles son para ayudar?

2. ¿Qué trabajo de "Un trabajo genial" te pareció más interesante? ¿Por qué?

3. ¿Qué hace que un trabajo sea un buen trabajo?

4. ¿En qué se parecen los trabajos de "Un trabajo para ti" a los de "Un trabajo genial"? ¿En qué se diferencian?

Un trabajo en la escuela

¿Quieres trabajar en una escuela? Dar clases es divertido. Pero también podrías hacer otras cosas.

Podrías ser enfermero. Cuidarías a los niños enfermos. Curarías heridas y rasguños.

¿Te gusta reparar cosas? Podrías ser el encargado del mantenimiento. Mantendrías todo limpio. Repararías las cosas rotas.

¿Te gusta cocinar? Podrías trabajar en el comedor. El cocinero prepara comida sana para los niños.

En la escuela hay muchos trabajos divertidos. ¡Pero lo mejor es estar con tantos niños!

INSTRUCCIONES

Contesta las preguntas.

1   **Esta lectura trata sobre trabajos —**

   (A) para niños enfermos.

   (B) en un comedor.

   (C) en la escuela.

2   **¿Quién arregla las sillas rotas en la escuela?**

   (A) el encargado de mantenimiento

   (B) un enfermero

   (C) tu maestro

3   **Con esta lectura aprendes que —**

   (A) en la escuela trabajan muchas personas.

   (B) sólo los maestros trabajan en la escuela.

   (C) los enfermeros ayudan a preparar comida sana.

Escribe sobre un trabajo interesante

Manuel escribió sobre un trabajo que le parece interesante. Se aseguró de que sus oraciones fueran claras.

Manejar una excavadora es un buen trabajo. Las excavadoras ayudan a hacer caminos y edificios. Son muy fuertes. Manejarlas es divertido. Empujan la tierra y las rocas. Hasta pueden derribar un edificio.

✺Tu turno

Hay muchos trabajos diferentes.
Piensa en un trabajo que te
interese.
Escribe un informe en el que
digas por qué te interesa ese
trabajo.

Control de escritura

☑ Escribe sobre cómo crees que
será el trabajo. Di por qué te gustaría.

☑ Lee las oraciones para asegurarte
de que tengan sentido.

☑ Revisa tu informe para corregir
errores.

A descubrir

A platicar

¿Sobre qué tema te gustaría saber más? ¿Qué trabajo te gustaría hacer?

Conéctate

Busca más información sobre aprender cosas nuevas en **www.macmillanmh.com**.

Mis palabras

jardín

favorita

miedo

_____

antenas

margarita

Lee para descubrir

¿Quién hizo
agujeritos en la
planta de Juan?

92

Misterio en el jardín

Juan tiene un hermoso **jardín**. Su planta **favorita,** la **margarita**, hoy apareció llena de agujeritos.

—¡Alguien hizo agujeritos en mi planta! ¿Quién pudo ser? —preguntó Juan a su mamá.

—¡Qué misterio! Toma esta lupa, con ella podrás investigar —contestó la mamá.

Juan buscó entre las plantas. Levantó una hoja y vio una enorme cabeza verde con dos **antenas**. A Juan le dio **miedo**.

—¡Horror! —gritó Juan.

—Tranquilo, es sólo una oruguita. Pero parece enorme si la miras con la lupa —le dijo la mamá.

Juan y su mamá llevaron la oruga al pasto del jardín. Juan le dijo:

—Puedes comer todo el pasto que quieras. Pero no toques mis margaritas.

Comprensión

Género
En un cuento de **misterio** a veces no sabemos qué pasa hasta el final.

Volver a leer
Hacer predicciones

Mientras lees, usa esta **tabla de hacer predicciones.**

Lo que predigo	Lo que sucede

Lee para descubrir

¿Cómo ayudarán a la margarita?

La hormiguita Ita

Georgina Lázaro
ilustraciones de
Fabricio Vanden Broeck

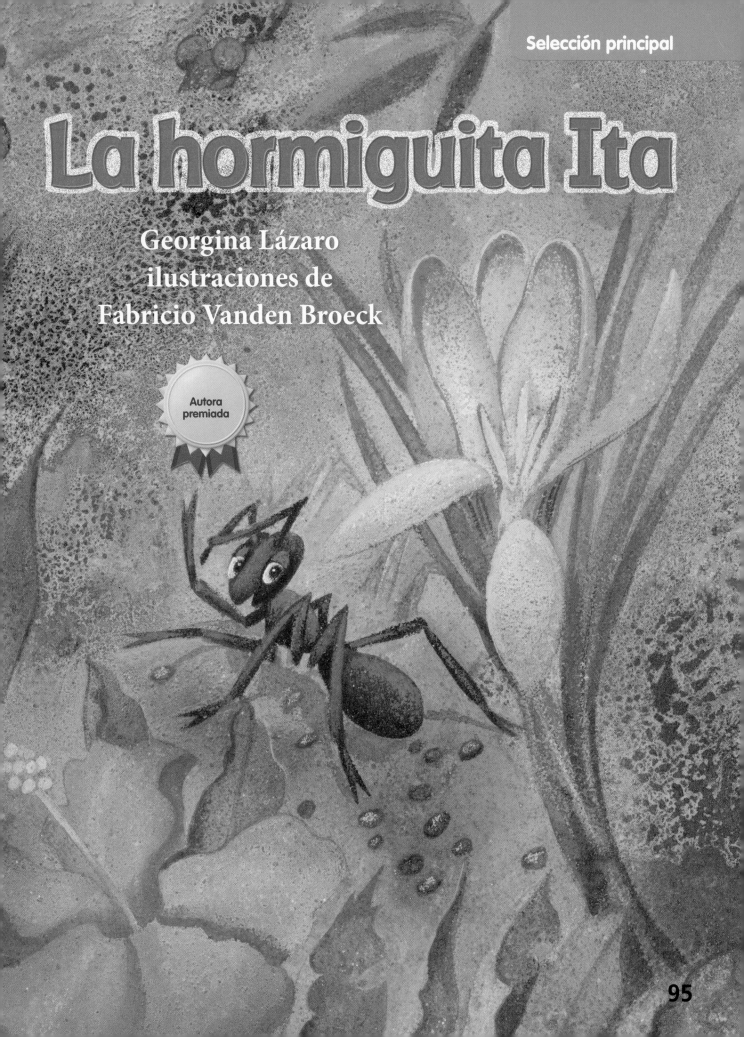

La
hormiguita
ITA

Quiero contarles la historia
de una graciosa hormiguita.
¡Era tan y tan pequeña…!
Todos la llamaban Ita.

Se preguntarán: ¿Pequeña?
¿No son todas pequeñitas?
Sí, lo son, pero ésta era
de todas la más chiquita.

97

Era muy trabajadora,
simpática y tan bonita.
Sus ojos eran muy negros
y su cuerpo, carmelita.

Tenía tres pares de patas
y una bella cinturita,
dos ojos y dos **antenas**,
y una pequeña boquita.

Vivía en un **jardín** hermoso
que cuidaba doña Rita.
Y le gustaba pasearse
como a una señorita.

Comenzaba su trabajo
temprano en la mañanita.
Siempre detrás de las otras
cantando una cancioncita.

Cargaba migas de pan,
azúcar, hojas, pajitas.
Muy feliz llevaba al nido
una que otra florecita.

Un día oyó que la nombraban.
—¿Quién llama? —preguntó Ita.
—Soy yo —le dijo pitando
una graciosa reinita.

—Es que una flor está triste.
¡Qué triste está, pobrecita!
Tiene una pena, un temor;
no quiere verse marchita.

—Es una flor tan hermosa.
Ella es mi flor **favorita**
de todas en el jardín,
y se llama **Margarita**.

—¿No podrás ir donde ella
para hacerle una visita?
Tal vez tú podrás brindarle
lo que ella necesita.

Entonces, al separarse
de la fila la hormiguita,
tuvo **miedo** de alejarse.
Recordó a Caperucita:

"¿Y si el lobo feroz hace
que la historia se repita?
No hay lobos en el jardín;
sólo en los bosques habitan."

"¿Y si viene un perro grande
y al lobo del cuento imita
y acabo yo en una historia
que todavía no está escrita?"

"Pues le daré un picotazo
que le sabrá a picapica."
Y se llenó de valor
y siguió su viaje Ita.

Recorrió un largo camino,
veredas y vereditas,
siguiendo el canto tan dulce
de su amiga, la reinita.

Pasó al lado de las rosas
como si fuera a una cita,
hasta que por fin llegó
al pie de la margarita.

Al verla triste pidió
ayuda a la mariquita
que volando fue a buscar
a las otras hormiguitas.

A todas les explicó,
pita, que pita, que pita:
—Vengan pronto, Ita las llama;
una flor las necesita.

Una larga fila hicieron
cientos…¡miles de hormiguitas!
y siguieron el camino
por el que antes pasó Ita.

Cruzaron por el rosal
mimado de doña Rita
y llegaron hasta donde
estaba la margarita.

En la tierra colocaron
migas, hojas y pajitas
como abono y alimento
para una flor, Margarita.

Y sonrió la mañana.
Y dijo la margarita:
—Con tanto amor y cuidados
nunca me veré marchita.

Historias especiales

Georgina Lázaro dice: "Conozco una niña muy dulce llamada Elena, a quien su abuela le inventa cuentos. Los que más le gustan son los de una hormiguita llamada Ita. Un día quise hacer para ella un cuento especial y escribí en rimas este cuento".

Fabricio Vanden Broeck nació en la ciudad de México. Trabaja ilustrando libros infantiles y como profesor. Sus dibujos son publicados por muchas revistas y periódicos del mundo.

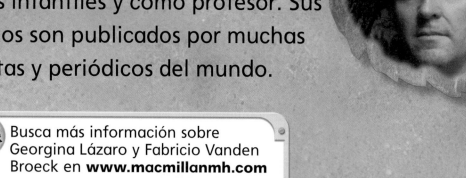

Conéctate ▶ Busca más información sobre Georgina Lázaro y Fabricio Vanden Broeck en **www.macmillanmh.com**

✔ Propósito de la autora

Georgina escribió sobre las hormigas. Escribe sobre un animal que te guste. Di dónde vive.

Pensamiento crítico

Volver a contar

Usa las tarjetas para
volver a contar el cuento.

Tarjetas
Cuéntalo otra vez

Pensar y comparar

1. ¿Cuál fue tu predicción sobre lo que la hormiguita Ita haría por la margarita?

Lo que predigo	Lo que sucede

2. ¿Qué parte del cuento te gustó más? ¿Por qué?

3. ¿Por qué las hormiguitas ayudan a la margarita? ¿Has visto a algunos animales ayudarse entre sí?

4. ¿En qué se parece la hormiguita Ita a la oruga de "Misterio en el jardín"? ¿En qué se diferencia?

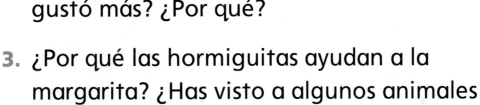

El mundo de los insectos

Los **insectos** están por todas partes. Hay más insectos que cualquier otra clase de animal.

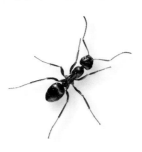

Clases de insectos

Hay insectos de todas clases.
La mariquita, la mosca y la hormiga
son insectos.

Algunos insectos pueden volar,
pero muchos no vuelan.
Algunos viven en el agua, pero
la mayoría vive en la tierra. Algunas
clases de insectos viven y trabajan
juntos, como las abejas o las
hormigas, pero la mayoría no es así.

El cuerpo de los insectos

Todos los insectos tienen seis patas. Todos los insectos tienen el cuerpo dividido en tres partes. El cuerpo de los insectos no tiene huesos. La parte de afuera del cuerpo de un insecto es dura. Esa parte dura **protege** el interior del cuerpo. Muchos insectos tienen antenas.

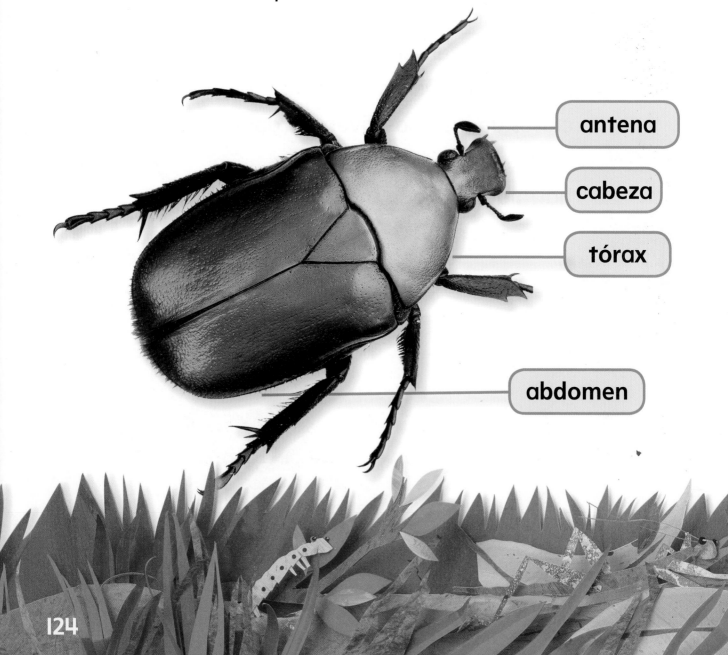

antena

cabeza

tórax

abdomen

Los sentidos de los insectos

Los **sentidos** de los insectos no son como los de las personas. Muchos insectos huelen con sus antenas. Las abejas saborean las cosas con sus antenas. Las moscas lo hacen con sus patas.

Los insectos no ven como vemos las personas. Algunos insectos tienen más de dos ojos. El saltamontes tiene cinco ojos. Puede ver hacia todos lados.

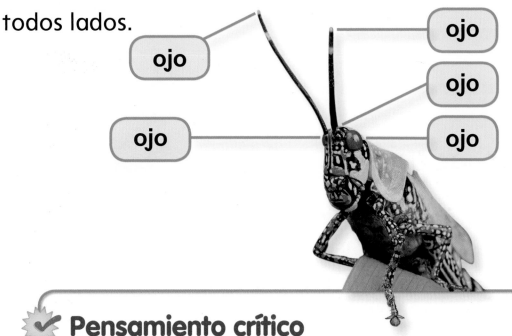

ojo

ojo

ojo

ojo

ojo

✔ Pensamiento crítico

¿En qué se parecen los personajes de *La hormiguita Ita* a los insectos de esta lectura?

Escribe cómo hacer algo

Susy escribió cómo hacer una mariposa.

Yo puedo hacer una mariposa.

Voy a enseñarte a ti cómo hacerla.

1. Dobla un pedazo de papel.

2. Corta dos semicírculos.

3. Desdobla el papel.

4. Ahora, tú puedes decorar la mariposa,

¡y hacer una para mí!

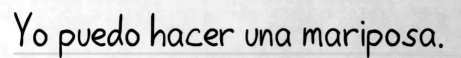

Tu turno

¿Qué sabes hacer?

Escribe cómo hacerlo. Asegúrate de incluir todos los pasos.

Usa las palabras *primero*, *luego* y *por último*.

Gramática y escritura

- Lee las instrucciones de Susy. Explícale a un compañero o una compañera cómo hacer una mariposa. Juntos, sigan las instrucciones para hacer su propia mariposa. Señala las palabras yo y tú. ¿Se refieren al sujeto o al predicado?

- Revisa tus instrucciones. ¿Son claras y fáciles de seguir? Señala las palabras mí y ti. ¿Se refieren al sujeto o al predicado?

Un día especial

A platicar

¿Qué día fue
especial para ti?
¿Por qué
fue especial?

Conéctate

Busca más información
sobre días especiales en
www.macmillanmh.com.

Mis palabras

parque

amistad

_____

plumas

algodón

Lee para descubrir

¿Quiénes ayudaron
a construir la casita?

130

Construir una amistad

Andrés y sus amigos tuvieron una fiesta en el **parque**. Tenían como objetivo construir entre todos una casita de madera para jugar.

El papá de Andrés compró los materiales y dibujó las instrucciones para construir la casita. Los niños hicieron el trabajo y hasta llevaban cascos para evitar accidentes.

En la fiesta hubo carreras de obstáculos, batallas con almohadas de **plumas,** y **algodón** dulce para comer.

Después, todos votaron por un nombre para su casita. Decidieron que se llamaría Casa de la **amistad**.

✦ Comprensión

Género
Una **ficción realista** es una historia que puede suceder en la realidad.

✔ **Estructura del cuento**
Personaje, ambiente y argumento
Mientras lees, usa esta tabla.

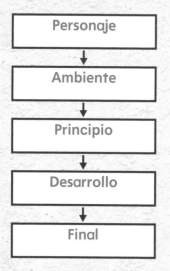

Personaje
↓
Ambiente
↓
Principio
↓
Desarrollo
↓
Final

Lee para descubrir
¿Cuál es el sueño de Liza?

132

Liza en el parque de las palomas

Autora premiada

Isabel Freire de Matos
ilustraciones de Sofía Sáez Matos

Había una paloma de plumaje blanco, que vivía en un pequeño palomar. Un día salió a buscar ramitas para hacer su nido, cuando se encontró con el palomo pinto.

—Buenos días —saludó el palomo galantemente.

—Buenos días. Estoy arreglando mi nido pues ya pronto empiezo a poner huevos.

—Quiero ayudarte, amiga. Además de ramas, debes ponerle **plumas** para suavizarlo. Así los huevos estarán más protegidos.

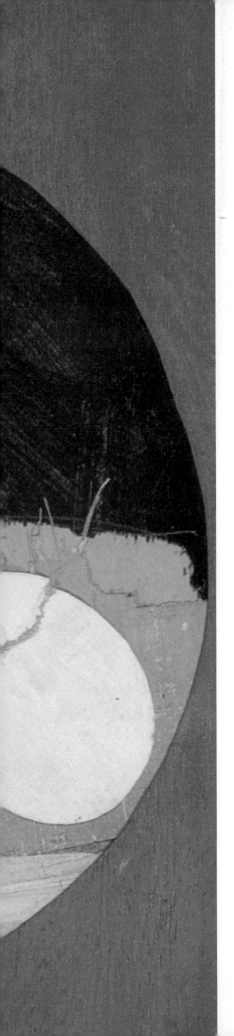

La paloma puso dos huevos pequeños, de color blanco brillante. ¡Qué contento estaba el palomo!

Ambos se turnaban para calentar los huevos. Pasaron varios días empollándolos, cuando ¡crac, crac!, rompió el primer cascarón. Y luego, ¡crac, crac!, rompió el segundo cascarón.

Salieron dos tiernos pichoncitos de ojos saltones. Estaban cubiertos de un vello corto, pero no tenían plumas. Recibieron los nombres de Liza y Abú.

—Los abrigaré con mis alas para darles calor —dijo la mamá paloma.

Pero los pichoncitos, además, abrían sus picos pidiendo alimento.

Al principio tomaban el alimento casi digerido. La mamá paloma se lo daba de pico a pico en forma de suave papilla.

Cuando las jóvenes palomas
alcanzaron su desarrollo total, comían
maíz y picoteaban yerbitas. Abú era
un palomo blanco y Liza tenía el
plumaje blanco y negro igual que
el de su padre. Ambas lo mantenían
terso y reluciente.

Un día la palomita Liza, que era muy inteligente y activa, le dijo a su mamá:

—Ya estoy grande y puedo buscarme la vida. Quiero salir a aventurar por el mundo.

—Muy bien, querida Liza. Eres buena y laboriosa. Ya puedes explorar aire afuera.

144

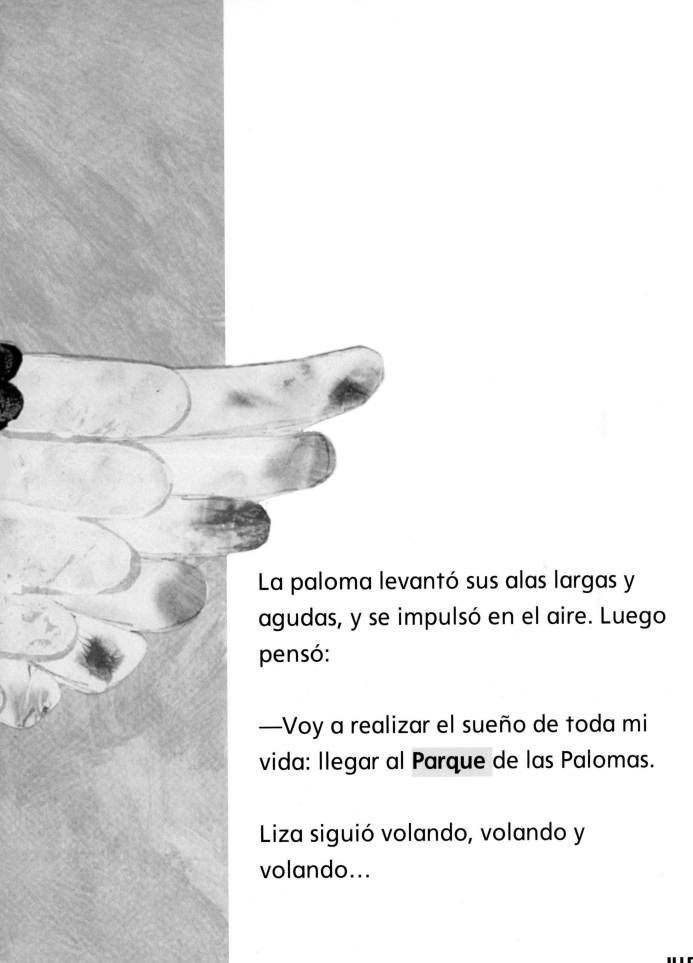

La paloma levantó sus alas largas y agudas, y se impulsó en el aire. Luego pensó:

—Voy a realizar el sueño de toda mi vida: llegar al **Parque** de las Palomas.

Liza siguió volando, volando y volando…

De pronto cayó un aguacero. Pero gracias a su doble plumaje de plumón suave y cobijas fuertes, la paloma no sintió frío.

—Esperaré en este alero —dijo mientras se sacudía el agua que le corría por el lomo.

Liza se echó a descansar, y un gato que la vio desde abajo, se subió al alero con cautela.

—Esta presa no se me escapará —pensó el gato.

La cabeza de la paloma daba hacia afuera del alero, y el gato pensó que era mejor tomarla por las remeras de las alas.

Luego pensó que era más seguro cogerla por las timoneras de la cola.

¿Por las alas o por la cola? ¿Por la cola o por las alas? ¡Miauuu…! —maulló el gato en medio de su confusión.

La paloma se levantó rápidamente. Giró su movible cuello alrededor, y antes de que el gato hiciera ¡zas!, echó a volar.

Liza siguió volando sin parar, hasta que llegó al Parque de las Palomas.

En este parque las palomas eran muy queridas por la gente. Los niños les regalaban sonrisas y granos y ellas, en cambio, aceptaban su **amistad**.

—¡Qué suave copito de **algodón**! —le decían a una paloma blanca que venía a comer de la mano.

—Linda, déjate coger —le decían a otra de plumaje oscuro que se acercaba balanceándose.

Cuando Liza posó en el parque, las palomas volaban alrededor, y los ojos de los niños parecían estar de fiesta.

151

—¡Aquí estoy! —dijo Liza abriendo sus alas
al aire marino.

En seguida las palomas hicieron una ronda
para darle la bienvenida, y cantaron a coro:

—Palomita pinta,
¿quién te trajo aquí?
—Me trajo la brisa
de olor a jazmín.

Luego volaron al viejo palomar de ladrillos rojos, y volvieron a cantar:

—Palomita pinta,
¿dónde vivirás?
—En esta casita
con la puerta al mar.

Liza entró a su pequeño castillo. Desde allí observaba las gaviotas que surcaban el aire en raudo vuelo y luego bajaban hasta besar las olas de la bahía de San Juan.

Conozcamos a la autora y a la ilustradora

Isabel Freire de Matos nació en Puerto Rico. "Doña Isabelita", como la llamaban sus estudiantes, fue una excelente maestra. Ella escribió muchos reportajes y libros para niños en los que habla del paisaje y el folclore de su amada tierra.

Sofía Sáez Matos es nieta de doña Isabelita. Le encanta ilustrar libros para niños. Sofía vive en el Viejo San Juan y disfruta mucho pasear por las callejuelas de su vecindario.

Otro libro de Isabel Freire de Matos

Conéctate Busca más información sobre Isabel Freire de Matos y Sofía Sáez Matos en **www.macmillanmh.com**

✔ Propósito de la autora

La autora cuenta en su relato cómo las palomas construyen sus nidos. Ahora, escribe sobre algo que tú podrías construir. Cuenta cómo lo construirías.

Pensamiento crítico

Tarjetas
Cuéntalo otra vez

Volver a contar

Usa las tarjetas para
volver a contar el cuento.

Pensar y comparar

1. ¿Cómo se protegió Liza de la
   lluvia? ¿Qué hizo para salvarse
   del gato?

2. ¿Hay palomas en donde vives
   o en otro lugar que conozcas?
   ¿Cómo las tratan los niños?

3. ¿Cuál es la parte del cuento que
   te gustó más? ¿Por qué?

4. ¿En qué se parece la casita que
   construyen los niños en "Construir una
   amistad" a la casita donde va a vivir Liza?

| Personaje |
| Ambiente |
| Principio |
| Desarrollo |
| Final |

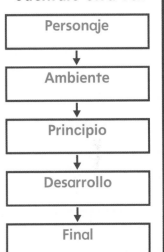

157

Poesía

Género
La **poesía** muchas veces ayuda a los lectores a imaginar cosas inusuales.

Elementos literarios
Repetición es la manera en que algunas palabras o frases se usan varias veces en un poema.

Busca más información sobre días especiales en **www.macmillanmh.com**

Volar

Bobbi Katz

Yo no sé volar,

pero lo imagino.

Como una gaviota,

soy la capitana del cielo de abril.

Como una paloma,

duermo en la rama más alta del árbol.

Como una alondra,

juego entre las nubes a las escondidas.

Yo no sé volar,

pero lo imagino.

✦ Pensamiento crítico

¿Por qué crees que es tan especial para Liza llegar al Parque de las Palomas como para la autora volar con su imaginación?

Escribe una carta

Combinar oraciones

Se puede usar la palabra **y** para **combinar oraciones** que tienen palabras en común.

Isabel escribió una carta sobre un día especial.

Querida Fabiana:

Mi primo Marcos vino hoy de visita. Todos nos reunimos en su casa. Yo ayudé a hacer la comida y a colocar las decoraciones. Todos los primos cantamos y bailamos. Fue un día muy divertido.

Cariños, Isabel

Bienvenido a casa

Tu turno

Piensa en un día especial que hayas tenido.

Escribe una carta a un amigo o una amiga para contarle sobre ese día.

Incluye detalles que digan lo que hiciste y cómo te sentiste.

Gramática y escritura

- Lee la carta de Isabel. Identifica las oraciones en las que usó **conjunciones**. ¿Qué dos oraciones une en cada caso?

- Revisa tu carta. ¿Usaste detalles para contar qué pasó ese día especial? ¿Usaste alguna **conjunción** para combinar oraciones?

- Léele tu carta a un compañero o una compañera.

Merienda EN EL parque

Glenda y Gregorio empacaron una merienda para el parque. En una cesta pusieron emparedados de mantequilla de maní y bebidas. Glenda puso la merienda y un mantel de plástico en su bici. Gregorio puso los papalotes, una pelota, y dos libros de pasatiempos en su mochila.

Una vez en el parque, Glenda y Gregorio
volaron sus papalotes. Jugaron a tirar
la pelota. Pero luego, empezó a llover.

—Es muy pronto para ir a casa —dijo Gregorio.

—Tengo una idea —dijo Glenda. Removió el
mantel de plástico de la mesa, y lo puso
debajo de ésta. Luego, Gregorio y
ella comieron su merienda, e hicieron
pasatiempos hasta que dejó de llover.

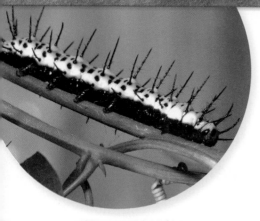

La vida de
una mariposa

¿De dónde vienen las mariposas? Una mariposa comienza su vida como un huevo. Al romperse el huevo, sale una oruga. Ésta se arrastra sobre las hojas y las usa como alimento. A medida que come, crece. Mientras crece, sigue cambiando.

La oruga cuelga bocabajo de una hoja o tallo. Luego, forma una cubierta dura a su alrededor. Ahí dentro, la oruga cambia más. Ahora se llama pupa.

En unos diez días, la cubierta de la pupa se rompe. Y sale una mariposa. Al principio, sus alas están mojadas. Cuando las alas se secan, la mariposa se va volando. Y comienza una nueva vida.

La mayoría de las mariposas viven entre una y dos semanas. Algunas pueden vivir por un año.

164

La vida de una mariposa

1
Huevo

2
Oruga

3
Pupa

4
Mariposa

 Comprensión

La búsqueda del tesoro

- Haz un mapa del tesoro.

- Primero, haz un lindo dibujo. Escóndelo en algún lugar del salón.

- Luego, haz un mapa para mostrar dónde está el tesoro. Indica el lugar con una "x" en el mapa.

- Usa símbolos para indicar dónde están las puertas y otros elementos del salón.

- Intercambia tu mapa con un compañero. ¡A buscar el tesoro!

 Estudio de las palabras

Buscar palabras

- Lee la siguiente oración:
  La gallinita roja comió rápidamente.

- Identifica el adjetivo y el adverbio.

- Escribe otra oración usando adjetivos y adverbios.

Escritura

Escribe una carta

- Escríbele una carta a un amigo. Cuéntale acerca de una aventura que hayas vivido en primer grado.

- Asegúrate de que la carta tenga sentido para quien la lea. Cuenta los sucesos en el orden en que ocurrieron.

- Comienza y termina la carta con un saludo. No olvides escribir la fecha.

Glosario

¿Qué es un glosario?

Un glosario te ayuda a conocer el significado de las palabras. Las palabras están listadas en orden alfabético. Puedes buscar una palabra y leer una oración con esa palabra. A veces, también hay una ilustración.

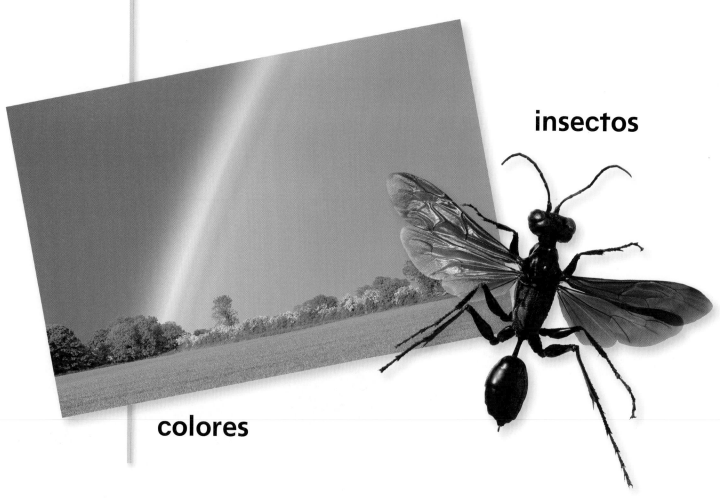

insectos

colores

Ejemplo de entrada

Letra

Entrada

Oración

Ee
escultura

Jorge hace una **escultura** de arcilla.

amistad

Aa

algodón

El **algodón** es suave y blanco.

amistad

Mis amigos y yo tenemos una linda **amistad**.

antenas

Este escarabajo tiene **antenas** muy largas.

artistas

Unos **artistas** pintaron un mural en mi calle.

astronauta

Un **astronauta** puede viajar a la Luna.

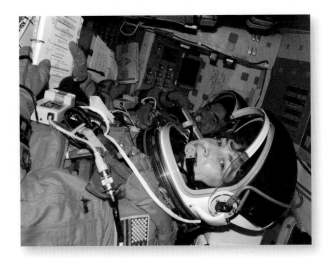

Bb

bastante

En el verano hace **bastante** calor.

buena

Mi perro es una **buena** mascota.

buscó

Marisela **buscó** caracoles en la playa.

Cc

colores

El arco iris tiene muchos **colores.**

común

Ana y yo tenemos en **común** el amor por la lectura.

convencer

Voy a **convencer** a mi mamá para que me deje salir.

Dd

directo

El deportista hizo un tiro **directo** a la cesta.

Ee

encontró

Diego **encontró** una moneda en el suelo.

escultura

Jorge hace una **escultura** de arcilla.

especial

Mi mejor amigo es muy **especial** para mí.

Ff

favorita

La manzana es mi fruta **favorita**.

Hh

hablar

Me gusta **hablar** por teléfono con mi abuela.

herramientas

Mi papá tiene una caja de **herramientas**.

Ii

importante

Es muy **importante** aprender a leer bien.

insectos

Todos los **insectos** tienen seis patas.

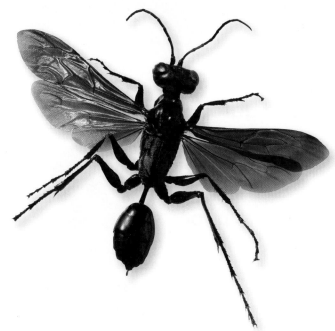

interesantes

Mis libros tienen cuentos **interesantes**.

Jj

jardín

La casa tiene un hermoso **jardín**.

Mm

margarita

La **margarita** tiene pétalos blancos.

miedo

El ratón le tiene **miedo** al gato.

mientras

Yo pongo la sal **mientras** mi papá cocina.

Oo

opción

Tienes la **opción** de jugar al fútbol.

Pp

parque

En el **parque** jugamos con nuestros amigos.

peso

Yo **peso** 54 libras.

planeta

Saturno es un **planeta** con anillos.

plumas

Las gallinas tienen **plumas**.

protege

La leona **protege** a su cachorro.

177

Ss

sentidos

El gusto es uno de los **sentidos**.

solamente

Los bebés recién nacidos **solamente** toman leche.

Acknowledgments

The publisher gratefully acknowledges permission to reprint the following copyrighted material:

OLIVIA by Ian Falconer. Translated by Ernestina Loyo. Copyright © 2000 by Ian Falconer. Reprinted with permission of FONDO de Cultura Económica, México.

EL LORO PARLANCHÍN by David Paloma. Text copyright © 1999 by David Paloma, illustrations copyright © 1999 by Francesc Rovira. Reprinted with permission of Editorial Esin, Spain.

LIZA EN EL PARQUE DE LAS PALOMAS by Isabel Freire de Matos. Copyright © 2000 by Ediciones Cocolí. Reprinted with permission of Ediciones Cocolí, San Juan, Puerto Rico.

Book Cover, OLIVIA SALVA EL CIRCO by Ian Falconer. Copyright © 2003 by FONDO de Cultura Económica. Reprinted with permission of FONDO de Cultura Económica, México.

Book Cover, EL POLLITO REPETIDO by David Paloma. Copyright © 2002 by Combel Ediciones Editorial Esin. Reprinted with permission of Combel Ediciones Editorial Esin, Barcelona, Spain.

Book Cover, YA LLEGAN LOS REYES MAGOS by Georgina Lázaro. Copyright © 2001 by Lectorum Publications. Reprinted with permission of Lectorum Publications.

Book Cover, UNA CARTA DE MÓNICA by Isabel Freire de Matos. Copyright © 2004 by Alfaguara Infantil y Juvenil. Reprinted with permission of Alfaguara Infantil y Juvenil.

ILLUSTRATIONS
Cover: Pablo Bernasconi.

12-13: Tiphanie Beeke. 14-37: Ian Falconer. 40-43: Nancy Davis. 48-49: Gabriel Pacheco. 50-63: Francesc Rovira. 92-93: Patricia Acosta. 94-119: Fabricio Vanden Broeck. 120-123: Susan Swan. 130-131: Martha Aviles. 132-155: Sofia Saez Matos. 158-159: Susan Saelig Gallagher. 162-163: Janee Trasler

PHOTOGRAPHY
All Photographs are by Macmillan/McGraw-Hill (MMH) except as noted below:

6-7: (bkgd) Jason Lindsey/Alamy. 9: (br) Cheron Bayna. 10-11: (bkgd) Jiang Jin/SuperStock. 44: (cr) George Shelley/CORBIS; (tr) Stephen Simpson/Getty Images. 45: (tr) Johner/Getty Images. 46-47: (bkgd) Jeff Cadge/Getty Images. 66: (br) NASA. 67: (t) NASA. 68: (b) NASA. 69: (t) NASA. 70: (cr) (c) Dorling Kindersley; (bl) Steve Gorton/DK Images. 71: (c) Courtesy of NASA. 90-91: (bkgd) Nick Garbutt/Nature Picture Library. 126: (cr) BananaStock/PunchStock. 127: (tr) Digital Archive Japan/PunchStock. 128-129: (bkgd) ColorBlind Images/Getty Images. 141: (tl) ©NASA. 160: (cr) Image Source/PunchStock. 161: (tr) Creatas/PunchStock. 168: (cl) Goodshoot / Fotosearch; (br) Burke/Triolo Productions/Brand X Pictures/Getty Images. 169: (c) Image Source/Jupiter Images. 170: (bc) Kent Wood/ Photo Researchers, Inc. 171: (bc) Royalty-Free/CORBIS. 172: (c) Goodshoot / Fotosearch. 173: (tc) Photolink/Getty Images; (bc) Image Source/Jupiter Images. 174: (c) ©Digital Vision. 175: (c) Burke/Triolo Productions/Brand X Pictures/Getty Images. 176: (t) ©MARKOS DOLOPIKOS / Alamy; (b) Ariel Skelley/ CORBIS. 177: (c) Denis Scott/CORBIS; (bc) Jeremy Woodhouse/ Masterfile. 178: (t) ©JUPITERIMAGES/ Polka Dot / Alamy; (bc) Blaine Harrington III/CORBIS. 190: (br) Pixtal/AGE Fotostock; (b) Burke/Triolo Productions/Brand X Pictures/Getty Images, Inc. 191: (t) Malcah Zeldis/Art Resource, NY; (tl) C Squared Studios/Getty Images, Inc.; (tr) Art Resource, NY; (cr) Ghislain & Marie David de LossyThe Image Bank/Getty Images, Inc.; (bl) Erich Lessing/Art Resource, NY; (br) Perfect Picture Parts / Alamy. 193: (c) Victoria & Albert Museum, London/Art Resource.